Con versos y a lo loco

Con versos y a lo loco

Paula Cantera García

TEXTOS
Paula Cantera García

PORTADA
Lily Vainylla (@lilyvainylla_)

MAQUETACIÓN
Andrea Gómez Expósito

NÚMERO DE EDICIÓN
Primera

EDICIÓN
Postdata Ediciones

ISBN
978-84-19411-67-9

DEPÓSITO LEGAL
V-794-2024

*

¿Sabéis cuáles son los hilos de bordado? Son esos que no vienen enrollados en una bobina, sino que forman como pequeños dedos de colores. Son algo despiadados porque, a veces, se desenrollan bien pero, en otras ocasiones, se enredan muchísimo. Parece que nos quieren decir que así podemos gestionar un mismo hecho en la vida; que, si tiramos rápidamente de la punta de un hilo, ese gesto traerá grandes consecuencias. Pero que, si seguimos su trayecto y vemos a dónde quiere ir, ese hecho no tendrá ningún efecto.

Con la literatura pasa al revés. Si tiras rápido, no pasa nada, nada en absoluto. ¡Coño! Media hora en el sofá y te ventilas el libro; ya lo puedes tachar de tu lista de libros pendientes. Pero si te paras a mirar las palabras y sigues su trayecto, habrá grandes consecuencias. Joder, después de una noche de poesía, de quedarte con ella, de aguantar junto a ella la respiración, después, el volumen del mundo real sube.

No es que yo sea de añadir palabrotas así porque sí, es que me urge explicar que cuando alguien realmente se para a leer, empiezan a sonar baterías ahí dentro, se enchufa el amplificador y, de repente, el mundo deja de ser algo habitual.

Aunque, a decir verdad, yo jamás sería tan cursi como para escribir poemas o cosas de amor. Soy más de gore y rock and roll. Esto solo es… bueno, eso que una lleva dentro pero que no quiere enseñar para no perder su faceta de vasca, bruta y fría. Así que, a los que estáis leyéndome: por favor, no digáis nada.

Pasad, haré café.

«Si crees que eres demasiado pequeño para producir algún impacto, trata de irte a la cama con un mosquito en la habitación»

ANITA RODDICK

Y se dieron cuenta de que él
que estaba hecho un cuadro
y ella
que estaba hecha un pincel,
estaban hechos
el uno para el otro.

Al despertar he visto
que todos mis pasados
eran tuyos,
y he decidido que,
a partir de hoy,
todos los futuros
serán míos.

No paré de buscar
buscar y buscar.
Tanto busqué
que ahora tengo
sentimientos encontrados.

Y fue en 1975
transitando
de un parque sin columpios
a un parque sin barreras
cuando rápidamente
pusieron una tirita
aquellos que no sabían
dónde estaba la herida.

Se enamoraron en primavera
y decidieron dejar de ser solo un rollito
para seguir juntos todas las estaciones.

La escultora se dirigió a su musa y le dijo:
eres la guinda de mi cincel.

Me encantaría vivir en el bosque,
eso sí que debe de ser bonito;
aquí no hay más que árboles.

Dame un verso
pero no en la mejilla
que tengo la poesía
en la punta de la lengua.

"Dejo las comillas abiertas
por si quieres tener
una cita conmigo

Llevo seis muertes esperándote,
le dijo el gato.

Viajó a Australia, a Chile, a Islandia, a Brasil,
a Grecia, a Paraguay, a Tailandia y a Bélgica.
Recorrió docenas de países,
visitó cientos de ciudades,
miles de pueblos,
millones de rincones.
Y al volver
y revelar las fotos
solo vio una cosa:
a ella
visitándose.

No corras
que huyes de lo de dentro.

El lápiz
el bolígrafo azul
la goma de borrar
el rotulador
el portaminas
el típex
el bolígrafo rojo…
Todos estaban seguros
porque lo confirmaba la regla.

De verdad,
tú y yo tenemos muchas más cosas en común
de las que crees,
le dijo la histórica a la histérica.

Solo encuentro dos formas de morir
que se olviden de ti
que te olvides de ti.

—Conjúgame —le pidió al pronombre personal.

—Yo quiero.

—No, lo siento, no eres tú —le respondió el verbo.

—Tú quieres.

Negó con la cabeza.

—Él quiere.

Negó con la cabeza.

—Nosotros queremos.

Y por fin el querer encontró su plural.

Primavera
Verano
Otoño
Hiberno

—Léemelo otra vez, por favor —suplicó.

—Está bien, pero solo una vez más. Érase una vez una princesa que vivía con una horrible bruja en el reino de Nunca jamás. Un día se escapó y corrió lo más rápido que pudo hacia el bosque, donde tropezó con un hada mágica (…). Al final, consiguió matar a la bruja con la ayuda del príncipe. Se casaron, se fueron de la mano y comieron humanos —leyó la mamá—. Ahora a dormir, mi pequeña perdiz.

Daba igual que se jugara su equipo la liga,
la Copa del Rey o la Champions,
él siempre pensaba
qué buen partido,
y nunca lo hacía mirando la televisión.

Preguntas:

¿Te gustas?
¿Te sabes?
¿Eres igual que ayer?
¿Has reído hoy?
¿Te duele pensar?
¿Te anestesiarías un rato?
¿Volverías?
¿Conoces tu infierno?
¿Quién te ha borrado?
¿Quién te ha subrayado?
¿Te miras a los ojos?
¿Te eres infiel?
¿Te darás una nueva aventura?

Te comí a besos
sin habas
y sin un buen Chianti
porque tú
no necesitabas acompañamiento.

Películas

Siempre nos quedará latir.
En ocasiones, veo amantes.
Houston, tenemos un poema.
E.T. tú, mi casa.
Francamente, querida, me importa un beso.
Le daré un abrazo que no podrá rechazar.

Valórate
escríbete
ámate
ríete
abrázate
siéntete
recuérdate
bésate
quiérete
cuídate.

¿Qué es el amor?
Me preguntaron.
El amor es
que todas tus palabras
se vuelvan esdrújulas.

Intenté borrar con la goma
después lo taché con el boli
luego puse típex
al final rompí la hoja.
Pero el recuerdo seguía allí
aunque ya no se veía.

Solo necesitaba un
cuarto
para reposar
medio
día
para descansar
y un
tercio
para olvidar.

Tú me viste.
Él me viste.

Ella estaba perdida.
Él estaba perdido.
Hasta que se encontraron
y se volvieron imperdibles.

Diferencias entre singular y plural:
el celo pega
los celos despegan.

Y por fin,
tras años de carrera
un máster
y un doctorado,
el matemático
cayó en la cuenta
de que ella
solo a él
le tenía en cuenta.

—No, cariño
—le dijo su abuela—,
al final del camino
no hay una luz;
hay un espejo.
Es un espejito,
donde solo puedes ver tu reflejo.
Por eso, mi vida,
es muy importante que,
al final de tu camino,
en ese espejito,
te guste lo que veas.

Un día,
después de muchos años,
a Don José le vino a la cabeza
la hipoteca de la casa
y la salud de la abuela
de su viejo amigo Don Pepito.

Cuando escribo
no soporto la tibieza,
necesito la intensidad.
Cuando escribo
no puedo andar,
necesito huir,
que la escritura sea una huida sin aliento
pisándome los talones
eso que llamamos muerte.
Porque cuando escribo no puedo vivir,
necesito que ella me mate.
Cuando escribo
siento que hay una mujer dentro de mí
que necesita estar atormentada
porque hay otra,
una segunda,
que necesita observar
y describir el tormento.
Por eso, cuando escribo
no puedo nadar,
necesito ahogarme.

Decidió ser ganadero
porque así
nunca daría nada por perdido,
siempre por ganado.

Siempre iban juntos
el uno al lado del otro
inseparables
a pesar
de las 7 diferencias.

Hoy me siento bien,
porque me duele la espalda.

Juro solemnemente
que esto es una poesía.

Acabaron alquilando un pisito
a las afueras de Barcelona
porque explotó la burbuja inmobiliaria
y el tercer cerdito
no pudo terminar su casa.

Es curioso el peón.
Es el más elemental
el que menos se valora en la partida;
y, en cambio,
es el único que jamás
da un paso atrás.

"Ponerse las botas"
es una frase que uso de octubre a marzo.

Se fue a España de vacaciones por Semana Santa
y vio que allí
la procesión iba por fuera.

Ella pesaba 56 kilómetros
por la ruta más rápida
desde la peca de su labio
hasta el lunar de su pie.

Solo sé que no se para.

Caracol, coliflor, florero, ropero, rotulador, dormitorio, río,
oes, espíritu.
Libro, brote, telégrafo, fonética, camioneta, tapa, pata,
talibán, bantú.
Rota, tarugo, golosina, naranja, jarra, ragú, Guggenheim,
ímpetu
Por más que jugaba a las palabras encadenadas,
no lo podía evitar,
todas acababan en lo mismo:
tú.

Tengo las líneas cortas
porque me muerdo las rimas.

En el nombre de los viajes
y de la brújula
y del espíritu aventurero,
al tren.

Signos de puntuación:

Puntos suspendidos
Signos de reclamación
Entre parásitos
Punto y a pádel
Entre cohetes
Punto y come
Entre colillas
Dos pulpos

Veo, veo
¿Qué ves?
Una cosita
¿Y qué cosita es?
Empieza por la letrita
letrita
tú.

Quitar el ancla
zarpar
adentrarnos en aguas profundas
estar en calma
cambiar de rumbo
surcar olas
virar el timón
pasar una tormenta.
Zarpar de nuevo
ir a sotavento
amarrar el ancla.
Así fue nuestro amor,
un crucero.

Un día me explicó que el sauce se llamaba así
porque era un árbol que lloraba,
pero que había que ayudarle a llorar.
Por eso,
cuando paraba de llover,
íbamos hasta el árbol y zarandeábamos las ramas
hasta que caía todo el agua que contenían.
Paula, mi pequeño sauce
—me decía mi abuelo—,
no te quedes con alguien
con quien reprimas tus lágrimas.
Busca siempre a las personas que ayudan a llorar
para que las lágrimas no te pesen
y tus ramas no lleguen a romperse.

Me parecía raro
ir con el cartoncillo de Zara
colgando de la falda
pero eso ponía en la invitación:
fiesta de etiqueta.

No siempre tenía
razón
pero siempre tenía
corazón.
Con razón
era buena persona.

Me fijo en ti
y no hay variable.
Solo tú eres de mi interés.

Daba igual si era luna nueva,
cuarto creciente,
cuarto menguante
o luna llena.
Para mí siempre era de miel.

Me voy con lo puesto —dije.
Porque yo
no me voy con lo impuesto.

Libros

Las rimas de la ira
El relato de Dorian Gray
Alicia en el país de los manuscritos
Narrar a un ruiseñor
El guardián entre el ensayo
El documento de Monte Cristo
El señor de los artículos
Cuentos borrascosos

Quizá
aún podamos salvarnos
de ir a merced del viento.
Quizá
aún podamos salvarnos
de no morir con las alas intactas

Déjame que lea tus líneas
que repase tus contornos
que escriba y describa tus hojas.
Déjame que rime tus versos
que acentúe tus palabras
que te subraye de todos los colores.

Cuando la música se apague
cuando el silencio amenace con insultar a mi baile
cuando las palabras ya hayan sido derrotadas
yo seguiré bailando
con los brazos en pie.

Acuérdate de mirar qué hora es
no vaya a ser que se te pase la vida.

Tocaba un instrumento de percusión
pero me tocaba tan bien
que yo dudaba de si era
un instrumento de persuasión.

Borrón y renta nueva.

En el test me preguntaron por mi género
y puse 'otros'.
No me decidía entre comedia, drama, romántica o policíaca.

Yo no puedo ayudarte,
tú tiritas de frío
y yo solo tengo
tiritas para las heridas.

Cara: me quedo.
Cruz: me voy.

Ella lanzó la moneda.
Por lo visto,
lanzó la moneda con tanta fuerza
que se quedó encallada encima de la estantería.

Es hora de que decidas por ti misma,
dijo la moneda agarrándose con fuerza.

Tiene numerosos nombres;
radicha, lechugilla, taraxacón,
bulanico, amargón, meacamas,
churracamas, almirón, dandelion o abuelito,
pero en realidad se llama diente de león.
Pensarás que nada tiene que ver
la dureza de un diente de león
con la fragilidad de esa flor,
pero recuerda que una granada
es más frágil que una pluma.

—No estás haciendo nada —me dijo.

—Me estoy esperando —respondí.

La mala hierba nunca muere;
en cambio,
la buena nunca se factura.

Sé que se te olvida;
que, en ocasiones,
te miras
y solo ves oscuridad.
Sé que se te olvida
que brillas hacia delante
que eres linterna.
Sé que se te olvida
que iluminas el camino.
Gracias,
por si se te olvida.

Cerré los ojos,
respiré.
Dibujé lo que significaba recuerdo.
Cerré los ojos,
respiré.
Dibujé lo que significaba olvido.
Y vi que eran la misma cosa.

Le pidió que le echara un cable y su amigo no hizo nada
porque nunca supo
si era el neutro, el fase o el tierra.

El orden de los favores no altera el afecto.

Sumar
restar
multiplicar y
di vivir.

Manché mi ropa con la sangre de la herida.
Y, aun así, la letra salió.

Le dio todo.
Le dio aventuras, risas, viajes, primeras veces, conversaciones.
También le regaló sus pecas, su ombligo, su cuello, sus oídos.
Le dio millones de besos, de abrazos.
Pero la espalda no.
Esa nunca se la dio.

Te mando muchos besos y abrazos.
Todo sin gastos de envío.

Otros "te quiero"

Escoge tú la película, que a mí me da igual.
Traigo pipas para el partido.
Ya voy yo.
¿Qué te apetece escuchar?
Coge el último trozo de pizza, que no tengo más hambre.
Meme, meme, meme, meme, meme.
—Te odio muchísimo. —Yo también.
Lo vi y me recordó a ti.
Te he apartado las pasas.
Chiste malo, Post it, perreo mientras cocinas.
No te preocupes, pásalo bien.
¿Necesitas algo?
He hecho croquetas.
Ven, que te quito las espinillas (sí, eso también).

Ya estaban cansados.
Quedaban a una hora
y la tormenta siempre llegaba después.

Paz reflejo de guerra
guerra que esconde barbarie
barbarie convertida en cicatriz
cicatriz sinónimo de memoria
memoria que oculta fosas
fosas que revelan injusticias
injusticias que siguen impunes.

Las raíces clamarán:
no escuchéis la promesa del árbol,
él os engañará.
Levantad la vista.
Sobre nosotras se eriza cada día
el vasto cielo
con sus colores pardos, terrosos.
Dicen que es azul pero
qué sabrán ellos,
si no pueden ver.

Creo en las segundas oportunidades.
Tuve una relación
que no supe cuidar;
ahora hemos vuelto,
y estoy muy bien
conmigo misma.

Es la música del tiempo
do si la sol fa mi re do
tomé un café sola
cogí un ramo de flores
le visité y lloré.

Al año siguiente
le visité y sonreí
planté flores
tomé un café solo
do re mi fa sol la si do
Es tiempo de nueva música.

Cuando estés hundido
por favor
acuérdate:
Los tesoros no flotan
se van al fondo.

Oye Siri
¿Aún le recuerdo?
"0" resultados para esa búsqueda.

Música en el anonimato

N-Plan
Villanos del ruido
Extremoblando
Sca-K
Mecaso
El primero de la columna
Vivo y los vividores
Melón sin plomo
Tarea
Dalsy de palo
Mojinos con tejidos regenerados

Ocurre en las grandes ciudades,
como Madrid o Barcelona,
que la gente
tiene prisa contagiosa.

Él miraba el folio pulcro sobre la mesa,
ni una línea.
No me quiere escribir,
se repetía.
Él no miraba los diez folios rotos bajo la mesa,
ni un espacio.

1, 2, 3, 4, 5, 6, 7, 8, 9, 10
No paraba de contar
11, 12, 13, 14, 15
una y otra vez
16, 17, 18, 19, 20
no quería que olvidaran
21, 22, 23, 24, 25
que siempre
26, 27, 28, 29, 30
podían contar con él.

No sé si fue una canasta, un gol, un set o un punto
solo sé
que me dejó marcada.

Ahora lo escribo todo a ordenador
para no perder los papeles.

Hamletines

Leer o no leer, esa es la edición
Tener o no tener, esa es la opresión
Querer o no querer, esa es la obsesión
Joder o joder, esa es la legión.

Se te ve el tintero.

Pasaron cuarenta años bajo tierra
escondidos tras la guerra.
Abrieron sus ojos
cuando llegó el noviembre
pero solo encontraron
un fuego sin lumbre.
Ya no veían los destellos,
todo había cambiado
todo, menos ellos.
Vivieron
en una trinchera infinita
los topos
de la España franquista.

A veces me imagino que cometo un crimen
y cómo se detendría el tiempo en ese instante.
A veces me imagino que me detienen
y mi mente me explica cómo será mi funeral.
A veces me imagino cómo sería mi soledad
si mi marido estuviera en el frente.
A veces me imagino huyendo al exilio
y cómo sería no entender un idioma.
A veces me imagino en la cárcel
esperando a ponerme frente a la pared.
No paro de imaginar,
sorprendiéndome
de lo viva que se siente
la guerra en mis páginas
habiéndola solo imaginado.
Mas es que sin vivirla
nos siento igual de rotos,
arrastrando pedazos
de capítulos sin cerrar
que llevan detrás
un "continuará".

No sé por qué me dicen
loca de atar
si son las cuerdas
las que se atan.

Por favor, tengan precaución
solo personal capacitado.
Prohibido el paso a personas altamente sensibles
obligatorio el uso de protección inspiratoria.
Esto es un laboratorio de poesía vital.

No sé a dónde nos lleva esta relación
pero yo voy sin permiso de circulación
e inseguro a todo riesgo.

—No quiero hablar contigo.
Trabajo.
—No puedo hablar ahora.
Hacer la comida. Comer.
—Ahora me viene mal ponerme a charlar.
Candy Crush.
—¿Hablar? Tengo mil cosas que hacer.
Hacer la colada. Limpieza.
—No me apetece en este momento.
Netflix.
—Buff, estoy cansada para hablar.
Dormir.

Y así pasaron los días
hasta que un día se dio cuenta
de que jamás tuvo tiempo
para hablar consigo mismo.

Señales de trágico

Censuras peligrosas
Modere su locuacidad
Cruce con prioridad de la derecha
Mujeres sin salida
Ceda el mando
Prohibido ir a la izquierda
Estrechamiento de sesera
Zona de reunión limitada
No cruzar, semáforo rojo
Otros peligros.

El árbitro sacó una tarjeta naranja
el día que por fin no se aguantaron las ganas
y ambas se amaron con locura.

Intento.
Consumir preferentemente antes de la senilidad.

Cuentos adultos

La criada y la bestia
Sacaleches y los siete enanitos
Cenicero
La vieja durmiente
Bambi y el seguro a terceros
Castración por sobrepoblación de los Aristogatos
El rey Borbón
La sirenita de policía

¡Feliz cumpleaños!
Sopla fuerte y pide un deseo
le dijo al huracán.

Tengo los versos cerrados por liquidación
y las estrofas en venta.
Gran oportunidad para inversores.
Incluye certificación poética.

Dejar de escribir
me impide respirar con claridad.

Pienso, luego como
era el planteamiento filosófico
de mi perro.

Quienes menosprecian
no ven bien.
Tienen estigmatismo.

El feminismo me quitó mis miedos
y aún no me los ha devuelto.

Quiso saber qué era
y le preguntó
quién era su cazador

Quiso saber quién era
y le preguntó
qué libro leía

Quiso saber de dónde era
y le preguntó
en qué lugar reía

Quiso saber cuándo nació
y le preguntó
cuál era su lucha

Quiso saber por qué era así
y le preguntó
a dónde no volvería

Quiso saber cómo era
y le preguntó
si se era infiel

Quiso saber cuánto era
y le preguntó
cuánto tiempo pasaba con animales.

Qué más da
el primer o último vagón,
si no sabes dónde está
la salida de la estación.

Converso cada día
con el converso.
Con verso, nunca en prosa.

El poema tiene razones
que la razón ignora.

La teoría de los trenes

Los trenes pueden ir uno al lado del otro,
estar estacionados en el mismo lugar,
cruzar sus caminos.
Sin embargo, es mejor que los trenes
no vayan por las mismas vías,
corren el riego de colisionar
o, peor aún,
de ir uno detrás del otro;
cerca, pero sin verse jamás.
Ahora bien
no sé si era esta la teoría de los trenes
o de los enamorados.

Cubos de reciclaje

Los mensajes van al de pasión;
digo, al de cartón.
Las copas van al fantástico,
digo, al plástico.
La música va al sensual
digo, al cristal.
El baile va al orgásmico
digo, orgánico.

¿Por qué conformarte con una vida
pudiendo tener tres,
la tuya,
la que lees
y la que escribes?

Dispara otra vez
que en esta vida salgo mal.

Tenía un amor temporal
a la espera de uno fijo
con contrato indefinido.

Memento mori

Abrí un nuevo documento,
elegí uno en blanco,
color de la letra negro.
Escribí la palabra vida
lo titulé muerte
lo guardé en formato pdf para no modificarlo
y lo metí en la carpeta de recordatorios
para no olvidarlo.

Próxima estación: estómago.

Por favor, no olviden recoger sus objetos personales.

—Bajamos aquí —dijo la mariposa.

Está lloviendo.
Y yo viendo llover.

Cuando sonaron las campanadas
ni los del primero
ni los del segundo
ni los del tercero
tenían ya uvas
porque se las comieron con los cuartos.

Trae un poco más de vino,
que les enseño el truco de la sangre,
gritó Jesús.
Así,
ellos hicieron historia
y ellas hicieron la cena.

La X
se ha ido de vacaciones a la playa
porque dice que ella
se despeja sola.

Información nutricional por 100 págs.

Valor retórico 241 kcal
Grasas anáforas 18 gr
Hidratos de prosopopeya 81 gr
Paráfrasis 0,2 gr
Fibra metafórica 0,8 gr

Vivo historias pasadas
vivo los libros,
vivo el cine,
porque he nacido en la generación
de la no memoria
del futuro opaco.
Ya perdí mi historia favorita,
solo me queda incertidumbre
y esto
lo que escribo
que retiene toda la vida
y todas las historias;
ellas son mi futuro favorito.

Tengo dos preguntas que hacerte:
Si la vida es un coche de dos plazas
con tres pasajeros,
pasado,
presente
y futuro,
¿quién se queda fuera del coche?
Y lo más importante
¿quién conduce?

¡Bingo!
Dijo cuando por fin entendió
lo que decía entre líneas.

Simiente:
grano contenido en el interior del fruto de una planta y que,
puesto en las condiciones adecuadas, germina y da origen a
una nueva planta de la misma especie.

Sinomiente:
Verdad contenida en el interior del fruto de una relación y
que, puesta en las personas adecuadas, germina y da origen a
una nueva persona de la misma especie.

He superado el récord de los cien párrafos lisos
en un tiempo de 9,58 líneas,
¿me da ya la medalla?

No querían jugar,
1, 2, 3, palomita blanca es
estaban ya cansados de jugar y
1, 2, 3, carabín-bon-ban
que siempre se la quedara el mismo.
1, 2, 3, al escondite inglés
Se movían con sumo cuidado,
1, 2, 3, caravín, caraván
Se quedaban quietos, inmóviles, porque
1, 2, 3, pajarito inglés
un movimiento en falso y
1, 2, 3, picaparet
¡pillado!
Voceaba Franco de nuevo.

Quiere también hacia dentro.
Quiere tan bien como hacia afuera.

Yo os declaro marido y mujer,
lapicero, puedes besar a la pintura.
Esa noche, todo fueron garabatos
y el lápiz por fin
flipó en colores.

Acaba el poema
que tienes unos versos que te los pisas.

*

Acabo de ver un vídeo del baile del estornino. No sé si lo habéis visto alguna vez pero es hipnótico, produce algo así como el ronroneo del gato: una paz fugaz. Es un baile sincronizado con forma de nube negra; son cientos y parecen uno solo. La conexión que percibes es, no sé, hipnótica, ya lo he dicho. El vídeo contenía una voz en off que explicaba qué tipo de aves son, el sonido que emiten, etc. y yo por dentro solo pensaba: por favor, que no haya explicación para el baile. ¿Os ha pasado eso alguna vez, que no queráis la explicación?

Lo cierto es que la ciencia no tiene una explicación exacta para el baile del estornino y me alegro. Puede que parezca que prefiera la ignorancia pero es así, no quiero buscarle el truco a toda la magia.

Este libro ha sido para mí algo así, fugaz, hipnótico; un abrir las puertas de mi casa. Puede que no siga una estructura, que no tenga explicación, que ni siquiera sea poesía, pero ha sido como ese primer paso, el que te mantiene en la arena pero te acerca al mar. Mi pequeño trocito de magia.

Antes de irme. ¿Habéis visto Pequeña Miss Sunshine? No os voy a estropear la película, es solo que, al final, cuando la niña sube al escenario a hacer el escandaloso baile mientras suena *Super Freak*, su familia, en lugar de horrorizarse, sube y baila con ella. Pues eso, que gracias a los que bailan siempre a mi lado, sea cual sea el baile; a mi amatxo, a Gerard, a las tías y a mi hermano (que quienes le conocen saben que jamás se perdería un baile); gracias.

Y a vosotros y vosotras, gracias por haber venido. Espero que os vaya bonito. Volveré con más rock and roll, así que, por si nos vemos pronto de nuevo, haré más café.